Picknick

INGEBORG PILS
FELIX SODOMANN

Picknick

Die schönsten Rezepte und Ideen

EDITION STYRIA

Inhalt

Vorwort

Lust auf Sommersonne? Spaß am Genuss? Appetit auf Lebensfreude? Dann sind Sie auf einer Picknickdecke am richtigen Platz. Schon in Kindertagen lernte ich die Freuden des geselligen Schmausens unter schattigen Bäumen kennen und schätzen. Kaum blitzte ein Sonnenstrahl, und war er auch noch so klein, aus dem weißblauen Münchner Himmel hervor, schon zog es meine Eltern ins Freie. Mama packte den Picknickkorb (eine Eigenkreation mit bunt karierten Servietten und vielen Taschen für allerlei Nützliches und herrlich Überflüssiges), Papa war für die wohlüberlegte Wahl des Zielorts und den Transport der Rasselbande verantwortlich. Ein nicht immer leichtes Unterfangen, denn Kinder und Hund drängelten ungeduldig nach draußen.

Mit der Isartalbahn und später mit den Rädern eroberten wir uns den Isarstrand, eine der schönsten Wildflusslandschaften Deutschlands und bis heute ein Ausflugseldorado für naturverbundene Familien oder Einzelgänger. Immer dabei: Kartoffel- und Nudelsalat, Fleischpflanzl, Pudding und Kuchen, Federball, Springseil und Lesestoff.

Bis heute bin ich der früh geweckten Liebe zum „Draußen-essen“ treu geblieben, sei es am Flussufer, auf einer Waldlichtung, im Biergarten, am norwegischen Fjord, auf Schweizer Berggipfeln oder am Meeresstrand. Meine schönsten Rezepte aus fünf Jahrzehnten Picknickfreude finden Sie in diesem Buch. Guten Appetit und viel Vergnügen beim Nachkochen und Genießen!

Ingeborg Pils

Picknicklust

Picknick ist ein Fest für alle Sinne, eine köstliche Mischung aus dem Geruch von duftendem Gras und Sommerblumen, dem wohligen Gefühl warmer Sonnenstrahlen auf unserer Haut, dem Summen der Bienen und dem Gezwitscher der Vögel – und der genießerischen Hingabe an die kulinarischen Verheißungen eines liebevoll zusammengestellten Picknickkorbs.

Picknick ist Augenlust und Ohrenschmaus zugleich. Oder, den Worten eines Schriftstellers folgend: Picknicken „ist ein besonders überzeugender Versuch, das Paradies für einen Augenblick der Ewigkeit wiederzufinden".

Gehen wir zunächst einen Schritt zurück in die Geschichte.
Erfunden haben das feine Tafeln unter freiem Himmel – wen wundert's – die Franzosen vor rund 300 Jahren. Damals entdeckte der Adel, wie erquickend es sein kann, nach erfolgreicher Jagd das Leben und seine kleinen kulinarischen Verlockungen in fröhlicher Runde auf einer Waldlichtung zu genießen. 1692 taucht das Wort Pique-Nique erstmals in einem Lexikon auf.

Es bezeichnet eine gemeinsame Mahlzeit, sozusagen einen Gesellschaftsschmaus im Freien, der dem Vergnügen dient und zu dem sich alle Beteiligten ihre Speisen selbst mitbringen.

Diese Sommerunterhaltung gefällt auch den frischluftbegeisterten Briten.
Im 18. Jahrhundert führen sie das Picknick auf der Insel und in ihren Kolonien ein. Schnell bringen sie es in dieser Disziplin zu wahrer Meisterschaft und Perfektion. Sogar in das Reglement mancher Sportarten hält es Einzug. Während der zweiten Pause beim Cricket gibt es eine 20-minütige Teepause, in der traditionell die Picknickkörbe ausgepackt werden.

Mit dem Siegeszug von Eisenbahn und Auto macht das Picknick eine höchst demokratische Entwicklung durch. Nun ist endlich auch der viel zitierte „kleine Mann" in der Lage, eine Landpartie mit seinen Lieben zu unternehmen. Statt Braten und Bordeaux sind jetzt Butterbrot und Bier im Proviantkorb. Auch die einst so luxuriöse Innenausstattung des Picknickkorbs ändert sich. 1867 erfindet Hermann Henschel im deutschen Luckenwalde den Pappteller, rund 40 Jahre später schlägt in den USA die Geburtsstunde des Pappbechers, Mitte des 20. Jahrhunderts beginnt der Siegeszug von Tupperware, Plastikbesteck und Plastikschüsseln.

◁ Fotograf Felix Sodomann

Für einen weiteren Fortschritt sorgt ungewollt der britische Physiker James Dewar, der Ende des 19. Jahrhunderts ein innen verspiegeltes Glasgefäß mit zwei Wänden zum Kühlhalten von empfindlichen Impfstoffen erfindet. Der deutsche Glasbläser Reinhold Burger entwickelt daraus eine alltagstaugliche Glasflasche, die, mit Metall umkleidet, sowohl zum Kühl- als auch zum Warmhalten geeignet ist. Er nennt diese Isolierflasche Thermoskanne und lässt sie 1903 patentieren. Bis heute ist sie ein wichtiges Utensil für erfrischende oder heiße Getränke.

Noch vor wenigen Jahrzehnten hatte das Picknickvergnügen einen bürgerlich-spießigen Beigeschmack, was sicher auch an den immer gleich belegten Broten und fantasielosen Salaten lag, die oft auf bedruckter Pappe serviert wurden. In den letzten Jahren hat sich das fröhliche Genießen unter freiem Himmel wieder die Herzen von Jung und Alt zurückerobert. Inzwischen locken landauf, landab Open-Air-Veranstaltungen, vom Klavierkonzert bis hin zum Pferderennen, den Event-Picknicker ins Freie, und Sterneköche füllen Luxuskörbe aus handgeflochtener europäischer Weide. Picknick liegt im Trend – vielleicht auch ein klein wenig aufgrund der Sehnsucht nach einer längst vergangenen Zeit, die uns heute so verklärt „romantisch“ erscheint.

Picknick mit Anhang

Familienglück

Zum wahren Genuss unter freiem Himmel gehören für Kenner und Genießer immer noch eine große Decke und ein gut ausgestatteter Picknickkorb. Der darf, wenn Kinder dabei sind, gerne auch mit unzerbrechlichem Kunststoffgeschirr bestückt sein. Das gibt es heute in so hochwertiger Qualität, dass es fast ein Leben lang hält. Neben der Grundausstattung (Geschirr, Besteck, Gläser, Servietten, Flaschenöffner, Salz- und Pfefferstreuer) gehört auch eine große Mülltüte in den Korb. Denn das Einzige, was man zurücklassen sollte, sind die Fußabdrücke im Gras.

Insektenschutzmittel und Sonnencreme sowie feuchte Tücher zum Säubern der Hände und zum Entfernen von Flecken sorgen für einen Picknickgenuss ohne Reue.

Ebenso wichtig wie der Picknickkorb: eine Kühltasche für Speisen und Getränke. Mitnehmen kann man fast alles, was die Familie gerne kalt isst und trinkt. Allerdings sollten Blattsalate erst am Ziel mit dem mitgebrachten Dressing angemacht werden, sonst fallen sie zusammen. Sinnvoll ist es, Gemüse schon zu Hause in mundgerechte Stücke zu zerteilen und in dicht schließenden Glas-, Porzellan- oder Kunststoffbehältern zu transportieren. Obst besser erst an Ort und Stelle aufschneiden. Nicht nur Kinder haben viel Spaß daran, ihren Brotbelag selbst zusammenzustellen. Ideal sind dafür, neben Salat und Gemüse, hart gekochte Eier, kalter Braten, diverse Dips und verschiedene Brote, vom knusprigen Baguette bis zum knackigen Körnerbrot. Ein großes Brotmesser nicht vergessen!

Vor allem bei hochsommerlichen Temperaturen sind Dressings mit Mayonnaise, die frisches Eigelb enthalten, ein Tabu. Wer auf Mayonnaise nicht verzichten will, greift besser zu Fertigprodukten, die dank ihrer Zusatzstoffe nicht so hitzeempfindlich sind. Auch bei anderen leicht verderblichen Produkten wie Mett, Frischwurst oder Fisch ist Vorsicht geboten. Die Gefahr einer Salmonelleninfektion ist in der heißen Jahreszeit besonders hoch. Erfahrene Picknicker setzen deshalb auf Proviant, der auch ein wenig Wärme und Sonne verträgt, und lassen empfindliche Speisen bis kurz vor dem Essen in der Kühltasche. Und sie haben reichlich Mineralwasser und selbst gemachte Limonade im Gepäck. Denn Durst ist bekanntlich schlimmer als Heimweh.

Gemüsesticks mit Schnittlauchdip

Einfach, schnell, preiswert

4–6 Portionen

- 400 g griechischer Sahnejoghurt
- 2 EL Zitronensaft
- Salz und Pfeffer
- 1 Prise Zucker
- 1 Bund Schnittlauch, in feine Röllchen geschnitten
- je 1 gelbe und rote Paprikaschote
- 4 Möhren
- 1 Salatgurke
- 2 Stangen Staudensellerie

1. Für den Dip den Joghurt mit dem Zitronensaft verrühren, mit Salz, Pfeffer und Zucker würzen. Den Schnittlauch untermischen. Den Dip in ein verschließbares Glas füllen.

2. Die Paprikaschoten halbieren, entkernen und in ca. 2 cm breite Streifen schneiden. Die Möhren schälen und längs vierteln. Die Gurke schälen, längs halbieren und entkernen. Das Selleriegrün abschneiden, die Fäden des Staudenselleries vom Stängelansatz an abziehen. Gurke und Staudensellerie zunächst in 10 cm lange Stücke, anschließend in Streifen schneiden.

3. Die Gemüsesticks in eine Frischhaltebox legen und mit dem Dip gekühlt transportieren.

WECK

Provenzalischer Ziegenkäse in Kräuteröl

Einfach, am Vortag zubereiten

4 Portionen

4 kleine Ziegenkäse à 75 g
4 Knoblauchzehen
1 frische rote Chilischote
je 1 Zweig Estragon, Rosmarin und Thymian
einige schwarze Pfefferkörner
ca. 150 ml Olivenöl

1. Die Ziegenkäse in ein verschließbares Glas legen. Den geschälten Knoblauch, die Chilischote, die Kräuter und die Pfefferkörner dazugeben. Mit Olivenöl begießen, bis der Käse ganz bedeckt ist.

2. Das Glas verschließen und den Käse über Nacht ziehen lassen.

Tipp

Zum Einlegen eignen sich am besten kleine, feste Ziegenkäse. Weiche Käse zerfallen, wenn sie länger in Öl liegen.

Chantals Tomatentarte

Einfach, preiswert, am Vortag zubereiten

8–12 Stücke

½ Baguette
1 TL Butter
3 Eier
150 ml Milch
250 g Magerquark
150 g Crème fraîche
1 EL Speisestärke
Salz
½ TL Piment d'Espelette, ersatzweise Paprikapulver rosenscharf
½ TL Fines Herbes (französische Kräutermischung)
600 g Tomaten, entkernt und gewürfelt
100 g geriebener Käse (Emmentaler, Gouda oder Gruyère)
1 EL Olivenöl
1 EL fein gehackte Petersilie

1. Den Backofen auf 200 °C (Ober-/Unterhitze) oder 180 °C Umluft vorheizen. Das Brot entrinden und in ca. 1 cm dicke Scheiben schneiden. Eine mit der Butter ausgestrichene Tarteform mit den Brotscheiben auslegen. 1 Ei mit der Milch verquirlen und über das Brot gießen.

2. Den Magerquark mit der Crème fraîche, den restlichen Eiern und der Speisestärke glattrühren. Mit Salz, Piment d'Espelette und den Fines Herbes würzen. Die Käsecreme auf die Brotscheiben geben und gleichmäßig verstreichen.

3. Die Tomaten auf die Käsecreme legen, mit dem geriebenen Käse bestreuen und mit dem Olivenöl beträufeln. Im heißen Ofen ca. 45 Minuten backen. Die fertige Tarte mit Petersilie bestreuen und in der Form erkalten lassen. Zum Transport in Pergamentpapier einschlagen.

Pikante Lachstarte mit Garnelen

Einfach, raffiniert

8–12 Stücke

400 g Lachsfilet
Saft und abgeriebene Schale einer Bio-Zitrone
500 g Brokkoli
6 Scheiben Vollkorntoast
1 TL Butter
3 Eier
150 g Sahne
100 g gekochte Bio-Garnelen
150 g Hüttenkäse
150 g Crème fraîche
Salz und Pfeffer
1 Msp. gemahlener Anis

1. Das Lachsfilet in kleine Würfel schneiden, in eine Schüssel legen und mit dem Saft und der Zitronenschale vermischen. Zugedeckt bei Zimmertemperatur 15 Minuten ziehen lassen. Den Backofen auf 200 °C (Ober-/Unterhitze) oder 180 °C Umluft vorheizen.

2. Den Brokkoli in kleine Röschen teilen und in Salzwasser knapp bissfest garen. Eiskalt abschrecken und gut abtropfen lassen. Das Toastbrot entrinden und eine mit der Butter ausgestrichene Tarteform damit auslegen. 1 Ei mit der Sahne verquirlen und über das Brot gießen. Den Lachs, den Brokkoli und die Garnelen darauf verteilen.

3. Den Hüttenkäse mit der Crème fraîche und den restlichen Eiern verrühren. Mit Salz, Pfeffer und Anis würzen und über die Tarte verteilen. Im heißen Ofen ca. 45 Minuten backen. Die Tarte in der Form erkalten lassen. Zum Transport in Pergamentpapier einschlagen.

Tipp
Gegen Ende der Backzeit mit Backpapier abdecken, damit der Belag nicht zu dunkel wird.

Camembert-Tarte

Einfach, würzig

8–12 Stücke

- 1 fertiger Blätterteig (rund ausgerollt) aus dem Kühlregal
- 300 g Camembert
- 300 g Schichtkäse
- 100 g Crème fraîche
- 3 Eier
- 1 EL Speisestärke
- Salz und Pfeffer
- frisch geriebene Muskatnuss
- 3 Kästchen Kresse

1. Den Backofen auf 200 °C (Ober-/Unterhitze) oder 180 °C Umluft vorheizen. Den Blätterteig ausrollen und mit dem Backpapier nach unten in die Tarteform legen. Den Teigrand andrücken, den Teigboden mehrmals mit einer Gabel einstechen. Im heißen Ofen 5 Minuten vorbacken.

2. Den Camembert entrinden und in kleine Stücke schneiden. Mit dem Schichtkäse, der Crème fraîche und den Eiern in Mixer pürieren. Die Speisestärke unterrühren, mit Salz, Pfeffer und Muskatnuss würzen.

3. Die Kresse mit der Küchenschere abschneiden und unter die Käsecreme mischen. Auf den Blätterteigboden geben und glattstreichen. Im heißen Ofen ca. 45 Minuten backen. Die Tarte in der Form erkalten lassen. Zum Transport in Pergamentpapier einschlagen.

Limonade

Einfach, schnell, am Vortag zubereiten

1 Liter

3 Bio-Zitronen
100 g Zucker plus Zucker zum Abschmecken
1 Grapefruit
1 Limette, in Scheiben geschnitten
einige Zweige Minze

1. Die Zitronen unter heißem Wasser waschen. Mit einem Zestenreißer von der Zitronenschale feine Streifen abziehen. Die Zitronen auspressen. Die Zesten und den Zitronensaft mit dem Zucker in eine Kanne geben und mit 500 ml heißem Wasser übergießen. Erkalten lassen, dann über Nacht im Kühlschrank ziehen lassen.

2. Die Limonade durch ein Haarsieb abgießen. Die Grapefruit auspressen und den Saft unter die Limonade mischen. Mit 500 ml eiskaltem Wasser aufgießen und mit Zucker abschmecken. Zum Transport in eine Thermoskanne füllen. Vor dem Servieren mit Limettenscheiben und Minzezweigen garnieren.

Willys Wiener Würstelsalat

Einfach, schnell

4–6 Portionen

4 Paar Putenwiener
1 gelbe Paprikaschote, entkernt und gewürfelt
1 rote Paprikaschote, entkernt und gewürfelt
1 Salatgurke, entkernt und gewürfelt
1 weiße Zwiebel, in kleine Würfel geschnitten
125 ml Brühe
2 EL Weißweinessig
3 EL Maiskeimöl
Salz und Pfeffer
4 hart gekochte Eier
1 EL Schnittlauchröllchen

1. Die Putenwiener in Scheiben schneiden. Mit Paprika- und Gurkenwürfeln in eine Schüssel geben und die Zwiebeln untermischen.

2. Aus der Brühe, dem Essig und dem Öl eine Marinade anrühren und mit Salz und Pfeffer würzen. Über den Würstelsalat geben und zugedeckt ziehen lassen. Zum Transport in eine Frischhaltebox füllen.

3. Vor dem Servieren die harten Eier in Scheiben schneiden, auf den Salat legen und mit den Schnittlauchröllchen garnieren.

Gemüse-Tortilla

Einfach, preiswert, am Vortag zubereiten

4–6 Portionen

800 g gekochte Kartoffeln
4 EL Olivenöl
2 große Gemüsezwiebeln, in feine Würfel geschnitten
2 Knoblauchzehen, fein gehackt
1 Spitzpaprikaschote, entkernt und gewürfelt
1 rote Paprikaschote, entkernt und gewürfelt
5 Eier
125 g Sahne
Salz und Pfeffer
1 Msp. Cayennepfeffer
2 EL fein gehackte Petersilie

1. Die Kartoffeln schälen und in Scheiben schneiden. Das Olivenöl in einer großen Pfanne erhitzen und die Kartoffeln darin hellbraun anbraten. Dann die Zwiebeln, den Knoblauch und die Paprikawürfel dazugeben und vorsichtig untermischen. Einige Minuten mitbraten.

2. Die Eier mit der Sahne verquirlen, mit Salz, Pfeffer und Cayennepfeffer würzen, die Petersilie unterheben. Über das Kartoffelgemüse gießen, glattstreichen und bei kleiner Hitze etwa 5 Minuten stocken lassen. Dann mithilfe eines Deckels oder Tellers wenden und auf der anderen Seite ebenfalls 4–5 Minuten bräunen.

3. Die Tortilla erkalten lassen und in mundgerechte Stücke schneiden. In einer Frischhaltebox kühl aufbewahren.

Eisbergsalat mit Putenbrust und Nüssen

Einfach, raffiniert, braucht Zeit

4–6 Portionen

400 g Putenbrustfilet
1 Bund Suppengrün
1 Lorbeerblatt
je 5 Pfeffer- und
Pimentkörner
Salz und Pfeffer
2 EL Olivenöl
2 Schalotten, in kleine Würfel
geschnitten
2 EL gehackte
Walnüsse
1 EL Semmelbrösel
2 EL Zitronensaft
1 frische rote Chilischote,
entkernt und fein gehackt
1 Kopf Eisbergsalat

1. Die Putenbrust in einem Topf mit 1 Liter Wasser, dem Suppengrün, dem Lorbeerblatt, den Pfeffer- und Pimentkörnern sowie 1 Teelöffel Salz zum Kochen bringen. 25 Minuten garen, dann in der Brühe abkühlen lassen.

2. Das Fleisch aus der Brühe heben und in Würfel schneiden. Die Brühe abseihen.

3. Das Olivenöl in einer Pfanne erhitzen und die Schalotten darin anschwitzen. Die Walnüsse und die Semmelbrösel dazugeben und anrösten. 250 ml Brühe angießen und zu einer Sauce einkochen lassen. Mit Salz, Pfeffer, dem Zitronensaft und der Chilischote würzen. Die Putenfleischwürfel in ein verschließbares Gefäß füllen und mit der lauwarmen Sauce übergießen.

4. Den Salat waschen, in mundgerechte Stücke zerteilen und zum Transport in eine Frischhaltebox geben. Kurz vor dem Servieren das Putenfleisch und die Sauce unter den Salat heben.

Kleine Knusperschnitzel

Einfach, schnell

8 Stücke

8 kleine Kalbsschnitzel vom Rücken oder aus der Oberschale à 50 g
Salz und Pfeffer
3 Eier
1 EL Milch
100 g Mehl
100 g Panko-Panade (japanisches Paniermehl)
50 g Butter
Butterschmalz zum Ausbraten

1. Die Schnitzel mit dem Handrücken flachdrücken, mit Salz und Pfeffer würzen.

2. Die Eier mit der Milch in einem tiefen Teller verquirlen. In zwei weitere Teller das Mehl und die Panade geben. Die Schnitzel zunächst im Mehl, dann im verquirlten Ei und zuletzt in der Panade wenden.

3. Die Butter mit reichlich Butterschmalz in einer großen Pfanne erhitzen und die Schnitzel darin auf beiden Seiten goldbraun ausbacken. Auf Küchenpapier abtropfen und auskühlen lassen.

4. Zum Transport lagenweise mit Pergamentpapier in eine Frischhaltebox einfüllen.

Variante

Das Kalbfleisch durch Schweinelende ersetzen.

Tipp

Das Rezept für den Spitzkohl-Salat mit breiten Bohnen steht auf Seite 51. Er eignet sich gut als Beilage.

Süßer Zucchinikuchen

Einfach, preiswert, raffiniert

8 Stücke

350 g Weizenvollkornmehl
1 Päckchen Backpulver
200 g Zucker
1 Prise Salz
Mark von 1 Vanilleschote
1 TL gemahlener Zimt
1 Msp. Nelkenpulver
1 Msp. gemahlene Muskatblüte (Macis)
abgeriebene Schale von 1 Bio-Orange
150 ml Olivenöl
4 Eier
300 g Zucchini
1 großes Bund Basilikum, in schmale Streifen geschnitten
125 g gehackte Mandeln
Butter für die Form
2 EL Puderzucker

1. Den Backofen auf 180 °C (Ober-/Unterhitze) oder 160 °C Umluft vorheizen. In einer Rührschüssel das Mehl mit dem Backpulver, Zucker, Salz, den Gewürzen und der Orangenschale vermischen. Das Olivenöl und die Eier zufügen und alles zu einem glatten Teig verrühren.

2. Die Zucchini raspeln. Mit dem Basilikum und den Mandeln unter den Teig ziehen. In eine mit etwas Butter ausgestrichene Gugelhupfform einfüllen und im heißen Ofen 50–60 Minuten backen.

3. Den fertigen Kuchen 15 Minuten in der Form abkühlen lassen, anschließend auf ein Kuchengitter stürzen und erkalten lassen. Mit Puderzucker überstäuben.

Nicoles Aprikosenwähe

Einfach, preiswert

8–12 Stücke

1 kg Aprikosen
250 g Hüttenkäse
125 g Sahne
3 Eier
2 EL Zucker
1 fertiger Blätterteig (rund ausgerollt) aus dem Kühlregal
2 EL Aprikosenfruchtaufstrich
1 EL Akazienhonig

1. Den Backofen auf 200 °C (Ober-/Unterhitze) oder 180 °C Umluft vorheizen. Die Aprikosen halbieren und entsteinen. Den Hüttenkäse mit der Sahne, den Eiern und dem Zucker verrühren.

2. Eine Tarteform mit kaltem Wasser ausspülen. Den Blätterteig ausrollen und die Form damit auslegen. Den Teig am Rand hochziehen und andrücken, den Teigboden mehrmals mit einer Gabel einstechen. Die Käsecreme auf dem Teigboden glatt verstreichen, die Aprikosenhälften darauf verteilen. Im heißen Ofen ca. 40 Minuten backen.

3. Die Wähe aus dem Ofen nehmen. Den Aprikosenfruchtaufstrich mit dem Honig unter Rühren erwärmen, bis er flüssig ist. Den Kuchen damit bestreichen und in der Form erkalten lassen.

Tipp
Schmeckt auch sehr gut mit Birnen oder Pflaumen.

Mamas Kirsch-Vanille-Pudding

Einfach, schnell

4–6 Portionen

400 g Kirschen
5 Löffelbiskuits
1 l Milch
4 EL Zucker
Mark von 1 Vanilleschote
2 Päckchen Vanillepuddingpulver

1. Die Kirschen entsteinen. Die Löffelbiskuits in Stücke brechen.

2. Aus der Milch, dem Zucker, dem Vanillemark und dem Puddingpulver einen Pudding nach Packungsanleitung kochen.

3. In ein großes Einweckglas ein Drittel des Puddings einfüllen. Die Hälfte der Löffelbiskuits darauf verteilen und mit einem weiteren Drittel des Puddings bedecken. Die Hälfte der Kirschen und dann die restlichen Löffelbiskuits darauf verteilen. Mit dem restlichen Pudding und den übrigen Kirschen bedecken.

4. Im offenen Glas erkalten lassen. Kühl aufbewahren.

Variante

Die Löffelbiskuits durch Zwieback oder Amaretti ersetzen.

39 Gipfelglück

Picknick unter Kastanien

Biergartenglück

Der Biergarten ist nicht nur für Münchner eine Oase bajuwarischer Lebensfreude, fast schon eine Lebenseinstellung. Diese Biergartenseligkeit ruht auf vier Säulen: Bier, Brotzeit, Brezen und Bäume. Geboren wurde der Biergarten in München – eigentlich als gesetzlich verordneter Kompromiss zwischen Brauern und Wirten. Die bayerische Brauordnung aus dem Jahr 1539 legte einst fest, dass nur zwischen dem Festtag des Heiligen Michael am 29. September und dem Ehrentag des Heiligen Georg am 23. April gebraut werden darf. In den fünf Monaten dazwischen war das Bierbrauen verboten, offiziell wegen der Brandgefahr beim Sieden, doch sicher auch, weil man die Qualität des Bieres sichern wollte, denn zum Gären braucht der Gerstensaft niedrige Temperaturen – wegen fehlender Kühlmöglichkeiten früher im Sommer ein Problem.

Dumm nur, dass mit den Temperaturen auch der Durst des Menschen größer wird, folglich musste für die heißen Tage ein Biervorrat angelegt werden. Die Lösung lag nahe: Das Isarhochufer bot ideale Möglichkeiten für das Errichten

von Vorratskellern. Um diese Bierkeller möglichst lange kühl zu halten, sägten die Brauer im Winter Eisblöcke aus der Isar und den umliegenden Weihern und Bächen. Und damit das Eis nicht so schnell in der Sommersonne schmilzt, wurden über den Kellern Schatten spendende Bäume, vorwiegend großblättrige Kastanien, angepflanzt.

Diese ruhigen, schattigen Gärten schienen wie geschaffen, um durstige Seelen mit kühlem Gerstensaft zu laben. So begannen die Brauereien, Tische und Stühle unter die Kastanien zu stellen und Bier auszuschenken. Es dauerte nicht lange, bis die Münchner Wirte gegen die neue Konkurrenz Sturm liefen, und schon bald musste der König persönlich einschreiten, um eine drohende Rebellion im Keim zu ersticken (denn von Rebellion ist in München schnell die Rede, wenn mehr als drei Verärgerte ihre Meinung laut kundtun). So erließ Ludwig I. (1786–1868) die Biergarten-Verordnung: Fortan war der Ausschank von Bier „ober den Kellern“ zwar genehmigt, jedoch durften die Brauer kein Essen verkaufen, um den Wirtshäusern nicht noch mehr Gäste streitig zu machen. Obwohl diese Verordnung längst revidiert ist, zeichnet sich ein echter Biergarten bis heute immer noch dadurch aus, dass man seine Brotzeit selbst mitbringen darf – zum Glück aber nicht muss.

Bayerisches Club-Sandwich

Einfach, schnell

8 Stücke

100 g Frühstücksspeck
16 Scheiben Toastbrot
100 g Mayonnaise
4 Blätter Eisbergsalat
250 g kalter Schweinebraten, aufgeschnitten
2 Tomaten, in Scheiben geschnitten
4 hart gekochte Eier, in Scheiben geschnitten
Salz und Pfeffer

1. Den Frühstücksspeck in einer beschichteten Pfanne ohne Fett knusprig ausbacken. Auf Küchenpapier abtropfen lassen. 8 Speckstreifen für die Garnierung beiseitelegen.

2. Das Brot toasten und mit der Mayonnaise bestreichen. 4 Brotscheiben mit dem Salat belegen. Darauf wieder 4 Brotscheiben legen, dann mit dem Schweinebraten, weiteren 4 Toasts, den Tomaten, Eiern und dem Speck belegen und die restlichen 4 Brotscheiben mit der Mayonnaise nach unten darauflegen. Auf jedes Sandwich zwei Speckstreifen mit Cocktailspießen feststecken.

3. Die Sandwiches in einer Frischhaltebox kühl aufbewahren. Vor dem Servieren jedes Sandwich diagonal halbieren.

Romanescosalat mit Räucherfisch

Einfach, schnell

4–6 Portionen

1 Kopf Romanesco
250 g geräuchertes Makrelenfilet
1 rote Paprikaschote, entkernt und in schmale Streifen geschnitten
2 Schalotten, in kleine Würfel geschnitten
100 ml Pflanzenöl
2 EL Zitronensaft
Salz und Pfeffer

1. Den Romanesco in kleine Röschen teilen und in leicht gesalzenem Wasser knapp bissfest garen. Dann abgießen, eiskalt abschrecken und gut abtropfen lassen.

2. Den Räucherfisch mit einer Gabel zerpflücken. Mit Paprika, Romanesco und Schalotten in eine Schüssel geben.

3. Für das Dressing das Öl mit dem Zitronensaft sowie Salz und Pfeffer verquirlen. Über den Salat verteilen und vorsichtig unterheben. 15 Minuten ziehen lassen, dann nochmals mit Salz und Pfeffer abschmecken. Den Salat in einer Frischhaltebox kühl aufbewahren.

Kartoffel-Gemüse-Salat

Einfach, preiswert

6–8 Portionen

1 kg festkochende Kartoffeln
250 ml heiße Fleischbrühe
4 EL Pflanzenöl
5 EL Weißweinessig plus Weißweinessig zum Abschmecken
Salz und Pfeffer
1 Zwiebel, in kleine Würfel geschnitten
250 g grüne Bohnen
½ Salatgurke
je 150 g rote und gelbe Cocktailtomaten
2 Frühlingszwiebeln

1. Die Kartoffeln in der Schale in Salzwasser ca. 20 Minuten kochen. Noch warm schälen und in Scheiben schneiden. Für das Dressing die Brühe mit dem Öl, dem Essig, Salz und Pfeffer verquirlen und über die Kartoffeln geben, die Zwiebeln untermischen. 1 Stunde zugedeckt ziehen lassen.

2. Die Bohnen je nach Größe ein- bis zweimal schräg durchschneiden und in leicht gesalzenem Wasser 5 Minuten kochen. Abgießen, eiskalt abschrecken und abtropfen lassen.

3. Die Gurke längs vierteln und in Scheiben schneiden, die Tomaten je nach Größe halbieren oder vierteln. Die Frühlingszwiebeln mit einem Teil des Grüns in feine Ringe schneiden. Alles mit den Bohnen unter den Kartoffelsalat mischen. Zugedeckt 30 Minuten ziehen lassen, dann nochmals mit Salz, Pfeffer und Essig abschmecken. In einer Frischhaltebox kühl aufbewahren.

Marlies' Pesto-Nudel-Salat

Einfach, preiswert

6–8 Portionen

50 g Pinienkerne
1 großes Bund Basilikum
3 Knoblauchzehen
Salz und Pfeffer
100 ml natives Olivenöl
50 g frisch geriebener Parmesan
Saft von 1 Zitrone
400 g Spiralnudeln

1. Die Pinienkerne in einer beschichteten Pfanne ohne Fett kurz anrösten. Die Basilikumblätter ohne Stängel grob zerzupfen und in einen großen Mörser geben. Mit dem Knoblauch und einer Prise Salz zerstoßen. Dabei nach und nach das Olivenöl dazugeben, bis eine dickflüssige Paste entsteht. Die Pinienkerne, den Parmesan und den Zitronensaft unterrühren.

2. Die Nudeln in kochendem Salzwasser bissfest garen. Abgießen, mit kaltem Wasser abschrecken und abtropfen lassen. Dann in eine Frischhaltebox umfüllen, das Pesto darübergeben und gut vermischen. Mit Salz und Pfeffer abschmecken. Zugedeckt im Kühlschrank 1 Stunde ziehen lassen.

Dieser Nudelsalat ist der Publikumsliebling im Tutzinger Biergarten von Marlies Häring. Vielleicht auch deshalb, weil der Blick vom Starnberger See auf die Alpen bei manchem Gast die Sehnsucht nach Italien weckt.

Spitzkohl-Salat mit breiten Bohnen

Einfach, preiswert, braucht Zeit

6–8 Portionen

1 kleiner Kopf Spitzkohl, ca. 800 g
125 ml Weißweinessig
500 ml Brühe
1 TL Kümmel
Salz und Pfeffer
300 g breite Bohnen

1. Den Spitzkohl vierteln und ohne Strunk in schmale Streifen schneiden. In leicht gesalzenem, kochendem Wasser 1 Minute blanchieren. Abgießen, abtropfen lassen und noch heiß in eine Schüssel geben. Den Essig mit der Brühe und dem Kümmel erhitzen und über den Spitzkohl gießen. Mit Salz und Pfeffer würzen und 2 Stunden zugedeckt ziehen lassen.

2. Die Bohnen schräg in ca. 2 cm breite Streifen schneiden. In leicht gesalzenem Wasser 5 Minuten kochen. Eiskalt abschrecken und abtropfen lassen. Unter den Spitzkohl mischen, mit Salz und Pfeffer abschmecken. In einer Frischhaltebox kühl aufbewahren.

Tipp
Wer es deftiger mag, ersetzt den Spitzkohl durch Weißkohl und fügt statt der Bohnen 200 g geröstete Speckwürfel hinzu.

Franks Spanferkel-Porchetta

Braucht Zeit, am Vortag zubereiten

6–8 Portionen

1 Spanferkelrollbraten, ca. 1,4 kg
4 Knoblauchzehen, fein gehackt
1 EL fein gehackter Rosmarin
1 TL Fenchelsamen
Salz und Pfeffer
60 ml Olivenöl
500 ml Weißwein

1. Den Backofen auf 180 °C (Ober-/Unterhitze) oder 160 °C Umluft vorheizen. Das Fleisch auseinanderrollen und mit der Schwarte nach unten auf die Arbeitsfläche legen. Den Knoblauch mit dem Rosmarin, den Fenchelsamen, Salz, Pfeffer und 1 Esslöffel Olivenöl zu einer Würzpaste vermischen. Das Fleisch damit bestreichen, wieder aufrollen und mit Küchengarn in Form binden.

2. Das restliche Olivenöl in einem Bräter erhitzen und das Fleisch darin von allen Seiten anbraten. Mit etwas Wein ablöschen und in den heißen Ofen stellen. Ca. 2 Stunden garen, dabei nach und nach mit dem restlichen Wein begießen.

3. Den fertigen Braten aus dem Bratfond heben und erkalten lassen. Kühl aufbewahren.

Tipp
Den Braten entweder zu Hause bereits in Scheiben schneiden oder ein scharfes Messer mitnehmen.

Lauchsalat mit Meerrettich

Einfach, schnell, preiswert

6 Portionen

4 Stangen Lauch
100 g Salatmayonnaise
100 g Crème fraîche
100 g Naturjoghurt
2 EL Zitronensaft
2 TL Dijonsenf
1–2 EL geriebener Meerrettich
Salz und Pfeffer
1 Msp. gemahlener Kümmel
100 g gehackte Walnüsse

1. Den Lauch sorgfältig waschen und anschließend in feine Ringe schneiden. In kochendem Salzwasser einige Minuten knapp bissfest garen. Eiskalt abschrecken und anschließend in einem Sieb gut abtropfen lassen.

2. Für das Dressing die Mayonnaise mit der Crème fraîche, dem Joghurt und dem Zitronensaft verquirlen. Den Senf und den Meerrettich unterrühren, mit Salz, Pfeffer und Kümmel abschmecken.

3. Die Walnüsse in einer beschichteten Pfanne ohne Fett anrösten. Zum Lauch geben, das Dressing angießen und gut untermischen. In einer Frischhaltedose kühl aufbewahren.

Allgäuer Käsesalat mit Trauben

Einfach, schnell

4–6 Portionen

400 g Allgäuer Emmentaler am Stück
250 g blaue Trauben
75 g Walnusskerne
3 EL Pflanzenöl
1 EL Walnussöl
2 EL Weißweinessig
Salz und Pfeffer
1 Prise Zucker
½ TL Kümmel
1 EL Schnittlauchröllchen

1. Den Käse zunächst in Scheiben, dann in mundgerechte Stücke schneiden. Die Trauben halbieren und entkernen. Mit den Walnüssen in eine Schüssel geben.

2. Für das Dressing das Pflanzenöl mit dem Walnussöl, dem Essig, Salz, Pfeffer, Zucker und Kümmel verrühren. Über den Salat geben und gut untermischen. Mit dem Schnittlauch bestreuen und in einer verschlossenen Dose kühl aufbewahren.

Variante

Die Walnusskerne durch geröstete Kürbiskerne ersetzen, das Walnussöl durch Kürbiskernöl.

Obatzda

Einfach, schnell

6 Portionen

300 g reifer Camembert
80 g zimmerwarme Butter
1 weiße Zwiebel, in Würfel geschnitten
2–3 EL Weißbier
Salz und Pfeffer
1 Prise Zucker
2 TL Paprikapulver edelsüß
rote Zwiebelringe und Schnittlauch zum Garnieren

1. Den Camembert und die Butter mit einer Gabel zerdrücken, der Camembert sollte noch körnig bleiben. Die Zwiebeln untermischen. So viel Bier unterrühren, bis eine streichfähige, aber nicht zu flüssige Creme entstanden ist. Mit Salz, Pfeffer, Zucker und Paprikapulver kräftig würzen.

2. In eine Frischhaltebox umfüllen und mit Zwiebelringen und Schnittlauch garnieren. Kühl aufbewahren und transportieren.

Variante

Die Butter durch jeweils 2 Esslöffel Sauerrahm und Crème fraîche ersetzen. Nach Geschmack zusätzlich mit Kümmel würzen.

Auszogne

Preiswert, braucht Zeit

12 Stücke

500 g Mehl
1 Päckchen Trockenhefe
250 ml lauwarme Milch
2 Eier
50 g Zucker
50 g zerlassene Butter
1 Prise Salz
Butterschmalz zum Ausbacken
feiner Zucker zum Bestreuen

1. Aus dem Mehl, der Trockenhefe, der Milch, den Eiern, dem Zucker, der Butter und dem Salz einen Hefeteig anrühren und zugedeckt an einem warmen Ort zu doppeltem Volumen aufgehen lassen. Dann aus dem Hefeteig 12 Kugeln abstechen, auf ein bemehltes Brett legen und nochmals gehen lassen.

2. Die Teigkugeln flach drücken und mit den Fingern leicht drehend so ausziehen, dass sie in der Mitte sehr dünn sind und außen ein dicker Rand entsteht. Portionsweise im heißen Butterschmalz schwimmend auf beiden Seiten goldbraun ausbacken. Auf Küchenpapier kurz abtropfen lassen und mit feinem Zucker bestreuen.

Tipp
Das traditionelle bayrische Kirchweih-Schmalzgebäck schmeckt frisch am besten. Deshalb erst kurz vor dem Biergartenbesuch ausbacken.

Picknick mit Herz

Liebesglück

Die englische Königin Viktoria liebte es, im Freien zu speisen. Für sie wird im 19. Jahrhundert der erste Picknickkorb kreiert, in dem neben kleinen Häppchen und Getränken auch edles Porzellan, Silberbesteck und Gläser Platz finden, festgeschnallt am Deckel des Korbs. Edle Wolldecken, oft auch Kissen, sorgen für mehr Komfort auf der Wiese und schützen die Kleidung vor Grasflecken.

Die gute Nachricht: Man muss nicht adlig sein, um sich wie eine Prinzessin zu fühlen. Dazu genügt schon ein lauschiges Plätzchen (warum nicht mal im eigenen Garten?), feine Leckereien, ein warmer Sommernachmittag und ein liebevoller Gastgeber. Beim romantischen Tête-à-tête kann das Schlemmen aus dem Körbchen schnell zur Nebensache werden. Gibt es eine schönere Gelegenheit, mit dem Partner einige Stunden in trauter Zweisamkeit zu verbringen?

Mozart in Love

Einfach, raffiniert

1 Glas

2 cl Mozart Dry (Kakaobrand)
1 Barlöffel Rosenwasser
1 Spritzer Grenadine Likör
1–2 Spritzer frischer Limettensaft
100 ml Crémant
1 kandiertes Rosenblatt

1. Alle Zutaten bis auf den Crémant in einem Champagnerglas verrühren.

2. Mit dem Crémant aufgießen und mit dem Rosenblatt dekorieren.

Keine Frage, Champagner ist das klassische Getränk für schöne Stunden. Bill Fehn, Chef der B-Bar im Münchner Szeneviertel Glockenbach, setzt für romantische Zweisamkeit auf überraschende Aromen im Glas. Für dieses Buch hat er einen Cocktail kreiert, der spritzig und anregend, zart süß und nicht zu schwer ist.
Sein Tipp: Alle Ingredienzien bis auf den Schaumwein bereits zu Hause mischen und in einer kleinen Thermoskanne transportieren. Vor Ort dann einfach in zwei Gläser verteilen und mit gut gekühltem Sekt auffüllen.

Französischer Garnelensalat

Einfach, schnell

2 Portionen

1 Stange Staudensellerie
250 g gekochte Bio-Garnelen
1 Schalotte, in kleine Würfel geschnitten
100 ml Orangensaft
Saft von 1 Limette
1 TL provenzalischer Senf
1 EL Olivenöl
Salz und Pfeffer
1 Msp. Piment d'Espelette

1. Das Selleriegrün abschneiden, die Fäden des Staudenselleries vom Stängelansatz an abziehen. Das Grün hacken, die Selleriestange in feine Scheiben schneiden. Mit den Garnelen und den Schalotten in eine Schüssel geben.

2. Für das Dressing den Orangensaft mit dem Limettensaft, dem Senf und dem Olivenöl verrühren. Mit Salz, Pfeffer und Piment d'Espelette abschmecken und über den Salat geben. Gut vermengen und in ein verschließbares Glas füllen. Im Kühlschrank 1 Stunde ziehen lassen. Gekühlt transportieren.

Variante
Die Garnelen durch ausgelöstes Flusskrebsfleisch ersetzen.

Casanova-Sandwich

Einfach, schnell

2 Portionen

1 Kaninchenrückenfilet
Salz und Pfeffer
1 TL Butter
1 Tomate
100 g Ziegenfrischkäse
2 große Scheiben toskanisches Weißbrot
4 Salatblätter
100 g geräucherte Entenbrust, in Scheiben geschnitten
1 EL Gartenkresse

1. Das Kaninchenfilet salzen, pfeffern und in der Butter braten. Dann aus der Pfanne heben, abkühlen lassen und in Scheiben schneiden.

2. Mit einem Sparschäler die Tomatenschale spiralförmig abschälen. Die Tomatenschale zu zwei Blüten aufdrehen. In die Mitte jeweils einen kleinen Klecks Ziegenfrischkäse setzen.

3. Die getoasteten Brotscheiben mit dem Ziegenfrischkäse bestreichen und halbieren. Zwei Hälften mit den Salatblättern, der Entenbrust, dem Kaninchenfilet und der Kresse belegen. Die anderen beiden Brothälften mit dem Frischkäse nach unten darauflegen. Bis zum Picknick in einer Frischhaltebox kühl aufbewahren. Vor dem Servieren mit den Tomatenblüten garnieren.

Maria Sols Avocadosalat

Einfach, schnell

2 Portionen

1 reife Avocado
Saft von 1 Limette
1 Stange Staudensellerie
150 g Cocktailtomaten
125 g Mais (aus der Dose)
125 g Mini-Mozzarellakugeln
1 EL Blütenhonigessig
2 EL Olivenöl
Salz und Pfeffer
1 EL fein gehackte Korianderblätter

1. Die Avocado halbieren und den Stein entfernen. Das Fruchtfleisch im Ganzen aus der Schale lösen und klein schneiden. In eine Schüssel legen und sofort mit dem Limettensaft beträufeln.

2. Das Selleriegrün abschneiden, die Fäden des Staudenselleries vom Stängelansatz an abziehen. Das Grün hacken, die Selleriestange in feine Scheiben schneiden. Die Tomaten halbieren. Alles mit dem abgetropften Mais und dem Mozzarella unter die Avocado mischen.

3. Aus Essig, Olivenöl, Salz und Pfeffer ein Dressing anrühren und über den Salat geben. Den Koriander untermischen und den Salat in ein verschließbares Glas füllen. Kühl aufbewahren.

Marinierte Paprikaschoten

Einfach, am Vortag zubereiten

2 Portionen

125 ml Olivenöl
2 rote Paprikaschoten
Salz und Pfeffer
1 Zweig Rosmarin
1 Lorbeerblatt
einige Pimentkörner

1. Den Backofen auf 240 °C (Ober-/Unterhitze) oder 220 °C Umluft vorheizen. Eine feuerfeste Form mit 1 Esslöffel Olivenöl ausstreichen. Die Paprikaschoten halbieren, entkernen und mit der Schnittfläche nach unten in die Form legen. Im heißen Ofen ca. 30 Minuten backen, bis die Haut braune/schwarze Blasen wirft.

2. Aus dem Ofen nehmen und die Schoten mit einem feuchten Küchentuch bedecken. 10 Minuten ruhen lassen, dann die Haut abziehen. Die Paprikahälften in Streifen schneiden und in eine Frischhaltebox legen. Mit Salz und Pfeffer würzen. Den Rosmarin, das Lorbeerblatt und die Pimentkörner zufügen, mit dem restlichen Olivenöl begießen. Zugedeckt über Nacht an einem kühlen Ort (nicht im Kühlschrank) ziehen lassen.

Tipp
Auf die gleiche Weise kann man auch gebratene Perlzwiebeln, Pilze, Zucchini, Auberginen oder Möhren marinieren.

Ziegenfrischkäsecreme mit Chili

Einfach, schnell

2 Portionen

100 g Ziegenfrischkäse
100 g Ziegenjoghurt
1 TL Lime Juice
1 frische rote Chilischote, entkernt und fein gehackt
5 Minzeblätter, fein gehackt
Salz und Pfeffer

1. Den Ziegenfrischkäse mit dem Ziegenjoghurt und dem Lime Juice aufschlagen.

2. Chilischote und Minze unter die Käsecreme ziehen, mit Salz und Pfeffer abschmecken. In ein Schraubglas füllen und kühl aufbewahren.

Tipp
Diese Käsecreme passt sehr gut zu Gemüsesticks und frischem Brot.

Gurkensüppchen mit Garnelen

Einfach, preiswert, braucht Zeit

2 Portionen

1 Salatgurke
80 g Crème fraîche
3 EL Naturjoghurt
1 EL Puderzucker
Salz und Pfeffer
½ TL Champagneressig
100 g gekochte Bio-Garnelen
Dillzweige zum Garnieren

1. Die Gurke schälen, längs halbieren und entkernen. Das Fruchtfleisch würfeln und mit der Crème fraîche, dem Joghurt und dem Puderzucker im Mixer pürieren. Mit Salz, Pfeffer und Champagneressig würzen. Die Suppe im Kühlschrank aufbewahren.

2. Das Gurkensüppchen in einer Thermoskanne transportieren. Zum Servieren in zwei Schalen füllen, die Garnelen darauf verteilen und mit Dill garnieren.

Küchenchef Horst Trautwein (Hotel Das Tegernsee) hat dieses Rezept für das Picknickbuch entwickelt. Seine Idee: Es muss nicht immer Eistee in die Themoskanne, ein feines kaltes Süppchen kann auch sehr erfrischend sein.

Kleopatras Kalbfleischröllchen

Raffiniert, braucht Zeit

2 Portionen

300 g Kalbfleisch aus dem Rücken
Salz und Pfeffer
1 EL Olivenöl
60 g Thunfisch aus der Dose
3 EL Frischkäse
1 EL Crème fraîche
1 EL Paprikabrunoise (sehr klein gewürfelte Paprikaschote)
1 EL Zucchinibrunoise (sehr klein gewürfelte Zucchini)
6 Schnittlauchstängel
50 g Parmesan, in feine Späne gehobelt

1. Den Backofen auf 120 °C (Ober-/Unterhitze) oder 100 °C Umluft vorheizen. Das Fleisch salzen, pfeffern und in wenig Öl anbraten. Anschließend im heißen Ofen ca. 35 Minuten garen. Es sollte innen noch rosa sein.

2. Das Fleisch auskühlen lassen. In der Zwischenzeit den Thunfisch pürieren und mit dem Frischkäse und der Crème fraîche cremig verrühren. Mit Salz und Pfeffer würzen.

3. Die Paprika- und die Zucchinibrunoise in Olivenöl kurz anbraten, mit Salz und Pfeffer würzen. In einem Haarsieb abtropfen lassen, dann unter den Thunfisch mischen.

4. Das Fleisch in 6 möglichst dünne Scheiben schneiden, die Thunfischmasse darauf verteilen und einrollen. Den Schnittlauch kurz in kochendes Wasser tauchen und um die Röllchen binden. In eine Frischhaltebox legen. Kühl aufbewahren und transportieren. Auf den Parmesanspänen anrichten.

Ein Rezept für romantische Genießer von Küchenchef Horst Trautwein (Hotel Das Tegernsee).

Jüdischer Nudelkuchen

Einfach, am Vortag zubereiten

4 Stücke

125 g dünne Suppennudeln
2 Eier
60 g Zucker
Mark von 1 Vanilleschote
75 g Butter
100 g Quark
3 EL Milch
abgeriebene Schale von 1 Bio-Zitrone
60 g gehackte Haselnüsse
60 g Rosinen
Butter für die Form
200 g Himbeeren

1. Den Backofen auf 180 °C (Ober-/Unterhitze) oder 160 °C Umluft vorheizen. Die Suppennudeln in ungesalzenem kochendem Wasser bissfest garen. Dann abgießen und gut abtropfen lassen.

2. Die Eier mit dem Zucker und dem Vanillemark mit dem Handrührgerät schaumig schlagen. Die Butter in Stückchen zufügen, alles zu einer dicken Creme aufschlagen. Den Quark, die Milch und die Zitronenschale unterrühren. Zuletzt die Nudeln, die Haselnüsse und die Rosinen untermischen. In eine mit etwas Butter ausgestrichene kleine Springform (ø 18 cm) geben und glatt streichen. Im heißen Ofen ca. 45 Minuten backen.

3. Den Nudelkuchen in der Form 15 Minuten ruhen lassen, dann auf einem Kuchengitter auskühlen lassen. Kurz vor dem Servieren auf eine Platte legen und mit den Himbeeren garnieren.

Süße Verführung: Macadamia-Brownies

Raffiniert, braucht Zeit

4 Portionen

75 g Kuvertüre
150 g Butter
2 Eier (Größe M)
120 g Zucker
30 g Mehl
50 g gehackte Macadamianüsse

1. Den Backofen auf 170 °C (Ober-/Unterhitze) oder 150 °C Umluft vorheizen. Die Kuvertüre mit der Butter im heißen Wasserbad unter Rühren schmelzen.

2. Die Eier mit dem Zucker verquirlen und unter die leicht abgekühlte, aber immer noch flüssige Kuvertüre rühren. Das Mehl mit den gehackten Nüssen vermischen und unter die Kuvertüremasse ziehen. 4 kleine Einweckgläser halbhoch mit der Masse füllen.
In eine feuerfeste Form stellen und so viel heißes Wasser in die Form gießen, dass die Gläser zu zwei Dritteln im Wasser stehen. Für 20–30 Minuten in den heißen Ofen stellen.

3. Die Einweckgläser aus dem Wasserbad heben. Die Brownies in den Gläsern erkalten lassen (nicht in den Kühlschrank stellen).

Ein Rezept für romantische Genießer von Küchenchef Horst Trautwein (Hotel Das Tegernsee).

Picknick mit Aussicht

Gipfelglück

Im Frühtau zu Berge ... da knurrt spätestens am Gipfel der Magen. Genießer haben vorgesorgt und den Picknickrucksack mit leichtem und dennoch nahrhaftem Proviant gepackt. Wobei sich „leicht“ nicht nur auf die Bekömmlichkeit bezieht, sondern auch auf die Verpackung. Denn alles muss zunächst einmal zum Picknickplatz getragen werden. In der guten alten Zeit wurden belegte Brote zum Mitnehmen in Kohl- oder Salatblätter und Stoffservietten eingepackt. Auch heute noch eine gute Alternative zu Alufolie und Plastik.

Das ultimative Sandwich für Gipfelstürmer haben englische Picknickexperten kürzlich vorgestellt. Es besteht aus zwei Scheiben Vollkornbrot, die mit Schnittlauch-Frischkäse bestrichen sind, der die Feuchtigkeit absorbiert und das Brot nicht durchweichen lässt. Der Belag ist ebenso gesund wie köstlich. Geräucherter Lachs mit wertvollen Omega-3-Fettsäuren und Avocado-Zitronencreme, die als natürliches Antihistaminikum wirken soll. Dazu geröstete Paprikaschoten und Tomaten, deren Inhaltsstoffe das Immunsystem stärken, sowie Chiliflocken, die Insekten vertreiben. Einen Versuch ist dieses Super-Sandwich sicher wert.

Gefülltes Brot

Einfach, schnell

4 Portionen

2 kleine Brote
1 Romanasalatherz
2 rote Paprikaschoten
2 Möhren
150 g Bergkäse oder Emmentaler
100 g Bündnerfleisch, in Scheiben geschnitten
4 EL Olivenöl
2 EL Zitronensaft
1 TL Senf
1 EL fein gehackte Kräuter
Salz und Pfeffer

1. Von den Broten einen Deckel abschneiden. Die unteren Brothälften mit einem Löffel aushöhlen und mit den Salatblättern auslegen.

2. Die Paprikaschoten halbieren und entkernen. Die Möhren schälen und längs halbieren. Das Gemüse und den Käse in Streifen schneiden. Das Bündnerfleisch aufrollen. Alles in die beiden Brote verteilen, den Brotdeckel darauflegen. Zum Transport in Pergamentpapier einpacken.

3. Für das Dressing das Olivenöl mit dem Zitronensaft, dem Senf, den Kräutern, Salz und Pfeffer verrühren und in eine kleine Flasche füllen. Vor dem Servieren über den Salat geben.

Ein Rezept für Naturfreunde von Küchenchef Uwe Seegert (Tschuggen Grand Hotel Arosa). Seine Idee: Die Liebe zur Natur fängt bei der Verpackung an. Das Beste an dieser Salatschüssel: Man kann sie hinterher aufessen.

Pitabrot mit Roastbeef

Einfach, schnell

4 Portionen

2 EL Mayonnaise
2 EL Naturjoghurt
1 Sardellenfilet, in Öl eingelegt
1 hart gekochtes Ei
1 kleine Gewürzgurke
Salz und Pfeffer
4 kleine Vollkorn-Pitabrote
1 Bund Rucola
8 Cocktailtomaten
150 g Roastbeef, in feine Scheiben geschnitten

1. Für die Remoulade die Mayonnaise mit dem Joghurt verrühren. Das Sardellenfilet, das Ei und die Gewürzgurke in möglichst kleine Würfel schneiden. Alles unter die Mayonnaise mischen, mit Salz und Pfeffer würzen und in ein verschließbares Glas füllen. Kühl aufbewahren.

2. Die Pitabrote waagrecht so aufschneiden, dass Taschen entstehen. Die Taschen innen mit der Remoulade bestreichen. Den Rucola waschen, verlesen, grobe Stiele entfernen. Die Tomaten je nach Größe halbieren oder vierteln. Die Roastbeefscheiben aufrollen. Jede Brottasche mit Rucola, Tomaten und Roastbeef füllen und in Butterbrotpapier wickeln. In einer Box transportieren.

Wrap im Bananenblatt

Einfach, schnell

4 Portionen

1 Blatt Gelatine
4 EL Frischkäse
1 TL Orangensenf
Salz und Pfeffer
8 gebackene Weizentortillas
8 kleine Blätter Eissalat
400 g gebratene Hähnchen- oder Putenbrust, in Scheiben geschnitten
2 Tomaten, in Scheiben geschnitten
1 EL gehackte Petersilie
2 Bananenblätter

1. Die Gelatine 5 Minuten in kaltem Wasser einweichen. Dann in wenig Wasser erwärmen, bis sie sich aufgelöst hat. Unter den Frischkäse rühren, mit Orangensenf, Salz und Pfeffer würzen.

2. Die Weizentortillas mit der Frischkäsecreme bestreichen. Den Salat, die Hähnchenbrust und die Tomaten gleichmäßig darauf verteilen, dabei rundherum einen breiten Rand freilassen. Mit der Petersilie bestreuen. Den unteren Rand der Tortillas nach oben klappen, den oberen nach unten, anschließend die linke und rechte Seite zur Mitte hin falten.

3. Die Bananenblätter in 8 Stücke teilen und die Wraps einzeln darin einpacken. Mit Bast verschnüren. Kühl aufbewahren.

Ein Rezept von Küchenchef Uwe Seegert (Tschuggen Grand Hotel Arosa). Sein Tipp: Die Wraps kann man gut am Vorabend zubereiten. Die Gelatine verhindert, dass die Tortillas matschig werden, das Bananenblatt hält alles frisch und saftig.

Zucchinitarteletts

Einfach, preiswert, am Vortag zubereiten

6 Stück

500 g Zucchini
4 Eier
200 g Frischkäse
200 g geriebener Käse,
z. B. Emmentaler oder Gouda
100 g Semmelbrösel
Salz und Pfeffer
½ TL Kurkuma
1 Msp. frisch geriebene Muskatnuss
1 Bund Schnittlauch,
in Röllchen geschnitten
6 Cocktailtomaten

1. Den Backofen auf 180 °C (Ober-/Unterhitze) oder 160 °C Umluft vorheizen. Die Zucchini auf der Gemüsereibe raspeln. Die Eier mit dem Frischkäse verrühren, anschließend die Zucchini, den geriebenen Käse und die Semmelbrösel untermischen. Mit Salz, Pfeffer, Kurkuma und Muskatnuss würzen. Zuletzt den Schnittlauch unterziehen.

2. Die Masse in 6 beschichtete Tarteletteförmchen füllen. In die Mitte jeweils eine Cocktailtomate setzen. Im heißen Ofen 40–45 Minuten backen. In den Förmchen abkühlen lassen. Zum Transport in Butterbrotpapier einwickeln.

Eier im Schlafrock

Preiswert, am Vortag zubereiten

4 Portionen

1 Brötchen vom Vortag, in feine Scheiben geschnitten
5 Eier
1 Zwiebel, in kleine Würfel geschnitten
200 ml Pflanzenöl
1 EL fein gehackte Petersilie
400 g gemischtes Hackfleisch
Salz und Pfeffer
½ TL getrockneter Majoran
75 g Semmelbrösel

1. Die Brötchenscheiben 15 Minuten in heißem Wasser einweichen. 4 Eier hart kochen.

2. Die Zwiebeln in wenig Öl anschwitzen, dann vom Herd nehmen und die Petersilie untermischen. Etwas abkühlen lassen.

3. Das Hackfleisch mit den ausgedrückten Brötchenscheiben, der Zwiebel-Petersilien-Mischung, Salz, Pfeffer, Majoran und dem restlichen Ei verkneten. Den Hackfleischteig in 4 Portionen teilen. Die harten Eier schälen und jedes Ei mit Hackfleischteig umhüllen. In den Semmelbröseln wenden.

4. Das restliche Öl in einer Pfanne erhitzen und die Hackfleischbällchen bei mittlerer Hitze darin 6–8 Minuten rundum knusprig braun braten. Auf Küchenpapier abtropfen lassen. Kühl aufbewahren. In einer Frischhaltebox transportieren.

Käsestangen

Einfach, preiswert, am Vortag zubereiten

4 Portionen

400 g Schafskäse
1 Bund glatte Petersilie, fein gehackt
2 Eier
1 EL Paprikapulver edelsüß
Salz und Pfeffer
400 g Yufka-Teigdreiecke oder Brik-Blätter
Olivenöl
1 Eigelb
1 EL Sesamsaat

1. Den Backofen auf 220 °C (Ober-/Unterhitze) oder 200 °C Umluft vorheizen. Für die Füllung den Käse mit einer Gabel zerdrücken und mit der Petersilie vermischen. Die Eier aufschlagen und unterrühren. Mit Paprika, Salz und Pfeffer würzen.

2. Jeweils 1 Teigblatt dünn mit Olivenöl bestreichen, 1 gehäuften Teelöffel Füllung darauf verteilen, dabei rundherum einen 2 cm breiten Rand freilassen. Das Teigblatt möglichst fest aufrollen und auf ein gefettetes Backblech legen.

3. Das Eigelb mit etwas Olivenöl verrühren und die Teigrollen damit bestreichen. Mit Sesamsaat bestreuen und im heißen Ofen etwa 20 Minuten backen. In einer Frischhaltebox transportieren.

Linsen-Bulgur-Pflanzel

Einfach, preiswert, am Vortag zubereiten

8 Pflanzel

250 g rote Linsen
125 g Bulgur
Salz und Pfeffer
1 rote Zwiebel, in kleine Würfel geschnitten
1 Knoblauchzehe, fein gehackt
1 große Möhre, fein geraspelt
1 Zucchini, fein geraspelt
2 Eier
3 EL Speisestärke
100 g Semmelbrösel
1 EL fein gehackter Koriander
1 TL Baharat (Gewürzmischung)
200 ml Pflanzenöl

1. Die Linsen in 750 ml kaltem Wasser aufsetzen, zum Kochen bringen und zugedeckt 20 Minuten köcheln lassen. Anschließend den Bulgur einrühren, leicht salzen und bei kleiner Hitze etwa 15 Minuten quellen lassen. Vom Herd nehmen und abkühlen lassen.

2. Die Linsen-Bulgur-Mischung mit den Zwiebeln, dem Knoblauch, den Möhren, den Zucchini und den Eiern vermischen. Dann die Speisestärke, 3–4 Esslöffel Semmelbrösel und den Koriander unterkneten. Mit Salz, Pfeffer und Baharat kräftig würzen. Aus dem Teig mit nassen Händen 8 Kugeln formen, flachdrücken und in den restlichen Semmelbröseln wenden.

3. Das Öl in einer tiefen Pfanne erhitzen und die Pflanzel darin portionsweise auf beiden Seiten goldbraun braten. Aus dem Öl heben und auf Küchenpapier abtropfen und abkühlen lassen. In einer Frischhaltebox kühl aufbewahren.

Gefüllte Paprikaschoten

Einfach, braucht Zeit

4 Stücke

6 Paprikaschoten
2 kleine Zucchini
2 kleine gekochte Kartoffeln
4 EL Olivenöl
3 Zweige Rosmarin
3 Knoblauchzehen
1 frische rote Chilischote
1 Zwiebel, in kleine Würfel geschnitten
Salz und Pfeffer
1–2 EL Weißweinessig

1. 2 Paprikaschoten vierteln, entkernen und in Würfel schneiden. Die Zucchini und die geschälten Kartoffeln ebenfalls würfeln.

2. Das Öl in eine Pfanne geben, den Rosmarin, den Knoblauch und die Chilischote dazugeben. Langsam erhitzen, damit das Öl den Geschmack der Kräuter annimmt. Dann den Rosmarin, den Knoblauch und die Chilischote aus dem Öl heben und die Zwiebeln, das gewürfelte Gemüse und die Kartoffeln darin leicht anbraten. Vom Herd nehmen, mit Salz, Pfeffer und Essig würzen und abkühlen lassen.

3. Von den restlichen 4 Paprikaschoten einen Deckel abschneiden und die Schoten entkernen. Den Gemüsesalat in die Schoten füllen, die Deckel daraufsetzen und mit Bast festbinden. Zum Transport nebeneinander in eine Frischhaltedose stellen.

Tipp
Den Salat bereits am Vortag zubereiten und am nächsten Tag in die Schoten füllen.

Ingwer-Eistee

Einfach, schnell

1 Liter

1 Beutel Roibuschtee
1 Beutel Hagebuttentee
1 Stängel Zitronengras
1 Stück frischer Ingwer

1. Die beiden Teebeutel in eine Kanne geben. Das Zitronengras in Stücke, den Ingwer in Scheiben schneiden. Beides in die Kanne legen und mit 1 Liter kochendem Wasser übergießen. 10 Minuten ziehen lassen, dann die Teebeutel entfernen.

2. Den Tee im Kühlschrank über Nacht ziehen lassen. Durch ein Haarsieb in eine Thermoskanne füllen.

Tipp
Eiswürfel in der Thermoskanne halten den Tee erfrischend kalt.

Müsliriegel

Einfach, braucht Zeit, am Vortag zubereiten

12–16 Riegel

300 g Früchtemüsli
100 g gehackte Cashewkerne
100 g Honig

1. Das Müsli mit den Cashewkernen in einer beschichteten Pfanne ohne Fett leicht anrösten. Den Honig hinzufügen und so lange rühren, bis alles leicht mit Honig überzogen ist. Vom Herd nehmen.

2. Ein Backpapier auf die Arbeitsfläche legen und die Müslimasse darauf ca. 1,5 cm dick zu einem Rechteck oder Quadrat ausstreichen. Beim Verstreichen leicht andrücken, damit die Masse kompakt wird. 30 Minuten auskühlen lassen, dann in Riegel schneiden. Über Nacht trocknen lassen. In einer Keksdose lagern. Zum Transport einzeln in Butterbrotpapier einpacken.

Feuriger Obstsalat

Einfach, schnell

4 Personen

400 g Wassermelone
1 Birne
1 Apfel
1 Nektarine
200 g blaue Trauben
1 frische rote Chilischote, entkernt und fein gehackt
2 EL Limettensaft
4 EL Orangensaft
1 EL Rohrzucker
Minzeblätter zum Garnieren

1. Die Wassermelone in mundgerechte Würfel schneiden. Die Birne und den Apfel vierteln und entkernen. Die Nektarine halbieren, den Stein entfernen. Birne, Apfel und Nektarine in Spalten schneiden. Alles mit den Trauben in eine Frischhaltebox geben.

2. Limetten- und Orangensaft mit dem Zucker verrühren, die gehackte Chilischote dazugeben und das Dressing über den Obstsalat gießen. Vorsichtig unterheben. Mit Minzeblättern garnieren. Gekühlt transportieren.

Picknick am Meer

Seemannsglück

Die Nähe zum Meer macht den Blick weit. Und deshalb packen wir in unseren Korb auch kleine Speisen aus fernen Ländern. Alle Küchen dieser Welt zeichnen sich durch ganz individuelle Kombinationen von Kräutern und Gewürzen aus. Jede Region hat ihre speziellen geschmacklichen Vorlieben, die sich im Lauf von Jahrhunderten entwickelt haben. Dabei spielen das Klima, die heimischen Pflanzen und Tiere, oft auch die Religion, eine wichtige Rolle bei der Zubereitung und dem Würzen von Speisen.

Die Gewürzpalette ist groß und bunt: goldschimmernde Kurkuma, leuchtend rotes Chilipulver, grüne Kardamomkapseln und dunkler Schwarzkümmel erfreuen das Auge und den Gaumen. Und die Nase, denn frisch gemahlene Gewürze verströmen einen verlockenden Duft. Einst konnte man mit Gewürzen auch unendlich reich werden, deshalb wurden jahrhundertelang erbitterte Schlachten um die Monopole für Pfeffer, Muskat und Salz geführt. Pfeffer war damals ein Zahlungsmittel und die Händler in den Hansestädten, deren Speicher voll waren, wurden als Pfeffersäcke verspottet.

KOS 6

Usedomer Matjessalat

Einfach, schnell

4–6 Portionen

4 Matjesfilets
150 g Bratenreste (Kalbs- oder Schweinebraten)
2 kleine gekochte Kartoffeln
1 kleine gekochte Rote Bete
1 Apfel
2 Gewürzgurken
1 kleine weiße Zwiebel
150 g Schmand
2 EL Weißweinessig
1 TL Sanddornessig
Salz und Pfeffer
1 Prise Zucker
1 EL fein gehackter Dill

1. Die Matjesfilets, den Braten, die Kartoffeln, die Rote Bete, den Apfel, die Gewürzgurken und die Zwiebel in kleine Würfel schneiden. Alles in eine Schüssel geben.

2. Den Schmand mit dem Essig verrühren. Das Dressing mit Salz, Pfeffer, Zucker und Dill würzen. Über den Salat geben und vorsichtig unterheben. Nochmals mit Salz, Pfeffer und Zucker abschmecken. Bis zum Transport kühl aufbewahren.

Nudelsalat

Einfach, schnell, preiswert

4–6 Portionen

300 g Farfalle (Schmetterlingsnudeln)
150 g TK-Erbsen
150 g Lyoner (Fleischwurst)
2 Gewürzgurken
150 g Salatmayonnaise
1 TL Dijonsenf
Salz und Pfeffer
1 Prise Zucker
einige Tropfen Worcestersauce

1. Die Nudeln in reichlich Salzwasser knapp bissfest garen. Abgießen und gut abtropfen lassen.

2. Die Erbsen in leicht gesalzenem Wasser 5 Minuten kochen. Eiskalt abschrecken und abtropfen lassen.

3. Die Wurst und die Gewürzgurken in kleine Würfel schneiden. Mit den Nudeln und Erbsen in eine Schüssel geben.

4. Die Mayonnaise mit Senf, Salz, Pfeffer und Zucker verrühren und mit Worcestersauce abschmecken. Über den Salat gießen und alles gut vermengen. Den Nudelsalat im Kühlschrank etwas ziehen lassen. Gekühlt transportieren.

Ein Klassiker, der nie aus der Mode kommt, meint Peter Schreiber, Wirt in der Münchner Königsquelle. Er verwendet für sein Rezept ausschließlich Zutaten aus dem Bio-Laden.

Eiersalat

Einfach, schnell, preiswert

4–6 Portionen

8 hart gekochte Eier
150 g Ananas
150 g Mayonnaise
2 EL Sahne
1 EL milder Curry
1 Msp. Cayennepfeffer
Salz
1 Prise Zucker
einige Tropfen Worcestersauce
1–2 TL Sweet Chilisauce

1. Die Eier halbieren und in Spalten schneiden. Die Ananas in kleine Würfel schneiden. Alles in eine Schüssel geben.

2. Für das Dressing die Mayonnaise mit der Sahne und den Gewürzen verrühren und mit den Saucen pikant abschmecken. Über den Salat geben und vorsichtig unterheben.

3. Den Eiersalat im Kühlschrank etwas ziehen lassen. Gekühlt transportieren.

Der Eiersalat von Peter Schreiber, Wirt in der Münchner Königsquelle, ist auch in seinem Lokal beliebt. Dort macht er allerdings die Mayonnaise selbst. Wichtige Zutaten sind in jedem Fall Bio-Eier von glücklichen Hühnern und frische Ananas.

Arabische Lammhackbällchen

Einfach, am Vortag zubereiten

4–6 Portionen

250 g Lammhackfleisch
1 Ei
200 g gekochter Reis
2 EL Rosinen
1 frische rote Chilischote, entkernt und fein gehackt
1 kleine Zwiebel, fein gehackt
1 Knoblauchzehe, fein gehackt
1 EL fein gehackte Minze
1 Msp. Kreuzkümmel
1 Msp. gemahlener Kardamom
Salz und Pfeffer
200 ml Olivenöl

1. Das Lammhackfleisch mit dem Ei, dem Reis und den Rosinen vermischen. Mit der Chilischote, den Zwiebeln, dem Knoblauch, der Minze und den Gewürzen verkneten, mit Salz und Pfeffer abschmecken.

2. Aus dem Fleischteig mit den Händen kleine Kugeln formen.

3. Das Olivenöl in einer tiefen Pfanne erhitzen und die Fleischbällchen darin portionsweise von allen Seiten goldbraun braten. Aus dem Öl heben und auf Küchenpapier abtropfen lassen. In einer Frischhaltebox kühl aufbewahren.

Variante

Wer kein Lammfleisch mag, kann es durch Rinderhack ersetzen.

Kichererbsendip

Einfach, schnell, preiswert

4–6 Portionen

1 kleine Dose Kichererbsen (Abtropfgewicht ca. 240 g)
100 ml Olivenöl
1 Zweig Minze
2 EL geröstete Pinienkerne
2 EL Champagneressig
1 Knoblauchzehe
1 Msp. Fünf-Gewürze-Pulver
Saft von 1 Limette
1 TL Worcestersauce

1. Die Kichererbsen abtropfen lassen. Das Olivenöl mit der Minze kurz erhitzen, dann vom Herd nehmen und abkühlen lassen. Anschließend durch ein feines Sieb passieren.

2. Die Pinienkerne mit den Kichererbsen, dem Öl, dem Essig und dem Knoblauch im Mixer pürieren. Mit dem Fünf-Gewürze-Pulver, dem Limettensaft und der Worcestersauce abschmecken und nochmals aufmixen. Den Dip in ein verschließbares Glas umfüllen und gekühlt aufbewahren.

Shane McMahon serviert in seinem Münchner Restaurant zum Kichererbsendip frisches Kartoffelbrot. Sein Tipp: Mit etwas Olivenöl bedeckt, hält sich der Kichererbsendip mindestens vier Wochen im Kühlschrank.

Lemon Chicken

Einfach, braucht Zeit

4–6 Portionen

2 Hähnchenbrustfilets, ca. 400 g
Salz und Pfeffer
1 EL Zitronen-Olivenöl
250 g gekochte Perlgraupen
8 EL japanische Mayonnaise
Salz
abgeriebene Schale von 1 Bio-Zitrone
Saft von 2 Limetten
2 EL Teriyaki-Sauce
2 EL Champagneressig

1. Den Backofen auf 80 °C Umluft vorheizen. Die Hähnchenbrustfilets salzen, pfeffern und auf einen Teller legen. Das Fleisch mit dem Zitronen-Olivenöl bestreichen und mit Klarsichtfolie abdecken. Im vorgeheizten Ofen 45 Minuten garen.

2. Die Hähnchenbrust abkühlen lassen, dann in kleine Würfel schneiden. Mit den Perlgraupen in eine Schüssel geben. Für das Dressing die Mayonnaise mit dem Salz, der Zitronenschale, dem Limettensaft, der Teriyaki-Sauce und dem Essig verrühren. Über den Salat geben und untermischen. In eine Frischhaltebox oder ein verschließbares Glas füllen und kühl aufbewahren.

Ein Rezept von Shane McMahon, der in seinem Restaurant im Münchner Glockenbachviertel regionale Zutaten mit asiatischen Aromen verbindet.

Kürbissuppe mit Granatapfelkernen

Einfach, preiswert

4–6 Portionen

500 g Hokkaidokürbis-Fruchtfleisch
2 große mehlige Kartoffeln
1 Stück frischer Ingwer, ca. 30 g
1 frische rote Chilischote, entkernt und fein gehackt
1 EL Olivenöl
1 weiße Zwiebel, in Würfel geschnitten
1 TL Zucker
200 ml ungesüßte Kokosmilch
400 ml Milch
Salz und Pfeffer
frisch geriebene Muskatnuss
1 EL frische Granatapfelkerne zum Garnieren

1. Das Kürbisfruchtfleisch würfeln. Die Kartoffeln und den Ingwer schälen, Kartoffeln würfeln, Ingwer fein hacken.

2. Das Olivenöl in einem Topf erhitzen, die Zwiebeln, den Ingwer und die Chilischote darin andünsten. Mit dem Zucker bestreuen und karamellisieren lassen. Das Kürbisfleisch und die Kartoffelwürfel hinzufügen, die Kokosmilch und die Milch angießen. Mit Salz, Pfeffer und Muskatnuss würzen. Einmal aufkochen und 30 Minuten bei mittlerer Hitze köcheln lassen, dabei öfter umrühren, damit nichts ansetzt.

3. Die Kürbissuppe mit dem Stabmixer pürieren, nochmals abschmecken. Zum Transport in eine Thermoskanne füllen. In Tassen oder Bechern servieren, vorher mit den Granatapfelkernen garnieren.

Rosmarinbrot

Preiswert, braucht Zeit

12 Stücke

500 g Vollkornweizenmehl
1 Päckchen Trockenhefe
2 TL Meersalz
3 EL kalt gepresstes Hanföl
1 kleines Bund Rosmarin
75 ml Sonnenblumenöl

1. Aus dem Mehl, der Trockenhefe, 1 Teelöffel Meersalz und dem Hanföl einen Hefeteig anrühren und zugedeckt an einem warmen Ort zu doppeltem Volumen aufgehen lassen.

2. Die Rosmarinnadeln von den Zweigen streifen, hacken und mit 6 Esslöffeln Sonnenblumenöl vermischen. Gut durchziehen lassen.

3. Den Teig auf einer leicht bemehlten Arbeitsfläche nochmals kräftig mit den Händen durchkneten, dann zu einer Kugel formen und mit einem sauberen Küchentuch zudecken. Weitere 30 Minuten gehen lassen.

4. Den Backofen auf 250 °C (Ober-/Unterhitze) oder 230 °C Umluft vorheizen. Mit dem restlichen Öl ein Backblech einfetten und mit dem übrigen Meersalz ausstreuen. Den Teig auf dem Backblech ausrollen und mit den Fingern kleine Vertiefungen hineindrücken. Das Rosmarinöl darüberträufeln. Im heißen Ofen etwa 30 Minuten backen.

Tipp

Hanföl gehört zu den wertvollsten Speiseölen. Es wird aus Hanfsamen gepresst und schmeckt aromatisch nussig-herb.

Tunesische Grießsuppe

Einfach, preiswert

4–6 Portionen

1 l Fleischbrühe
2 EL Olivenöl
60 g Weichweizengrieß
2 Knoblauchzehen, fein gehackt
Salz und Pfeffer
½ TL Harissa
½ TL gemahlener Kreuzkümmel
½ TL Kurkuma
Saft von 1 Zitrone
1 EL fein gehackte Korianderblätter

1. Die Fleischbrühe zum Kochen bringen. In einem zweiten Topf das Olivenöl erhitzen und den Grieß darin anrösten. Den Knoblauch zufügen und goldbraun rösten. Die heiße Brühe unter Rühren nach und nach über den Grieß gießen. Dann die Suppe leicht salzen und bei kleiner Hitze 10 Minuten köcheln lassen.

2. Das Harissa mit dem Kreuzkümmel und der Kurkuma vermischen. Unter die Suppe rühren, mit Zitronensaft, Salz und Pfeffer abschmecken. Die heiße Suppe in eine Thermoskanne füllen. In Tassen oder Bechern servieren, vorher mit dem Koriander bestreuen.

Variante
Wer keinen Koriander mag, kann ihn durch Petersilie ersetzen.

Buttermilch-Käse-Muffins

Einfach, preiswert, am Vortag backen

12 Stücke

250 g Mehl
2 TL Backpulver
100 g geriebener Pecorino
100 g Mandelstifte
1 TL Salz
1 Msp. Cayennepfeffer
2 Eier (Größe M)
75 ml Sonnenblumenöl
250 ml Buttermilch

1. Den Backofen auf 180 °C (Ober-/Unterhitze) oder 160 °C Umluft vorheizen. Das Mehl mit dem Backpulver in eine Schüssel sieben. Mit dem Pecorino, den Mandelstiften, dem Salz und dem Cayennepfeffer vermischen.

2. In einer zweiten Schüssel die Eier mit dem Öl und der Buttermilch verquirlen. Die Mehl-Mandel-Mischung schnell unterrühren und den Teig sofort in 12 Silikon-Muffinförmchen verteilen. Im heißen Ofen ca. 25 Minuten backen. Die Muffins in den Förmchen erkalten lassen. Zum Transport in eine Keksdose stellen.

Apfel-Streusel-Kuchen vom Blech

Einfach, braucht Zeit, am Vortag backen

1 Blech

200 g Magerquark
6 EL Milch
7 EL Maiskeimöl
1 Ei
100 g Zucker
Salz
550 g Weizenvollkornmehl
1 Päckchen Backpulver
1,5 kg Äpfel, z. B. Boskoop
150 g Muskovadozucker
60 g grobe Haferflocken
1 TL gemahlener Zimt
150 g Butter

1. Den Backofen auf 200 °C (Ober-/Unterhitze) oder 180 °C Umluft vorheizen. Den Quark mit der Milch, dem Öl, dem Ei, dem Zucker und einer Prise Salz zu einer geschmeidigen Creme verrühren. 200 g Mehl und das Backpulver einrühren, dann weitere 200 g Mehl rasch unterkneten. Den Teig auf einer bemehlten Arbeitsfläche ausrollen und ein gefettetes Backblech damit auslegen.

2. Die Äpfel schälen, vierteln, entkernen und in feine Spalten schneiden. Schuppenförmig auf dem Teigboden anordnen.

3. Das restliche Mehl mit dem Muskovadozucker, den Haferflocken und dem Zimt im Mixer vermengen. Die Butter in kleinen Stücken dazugeben und bei kleiner Stufe so lange vermischen, bis sich Klümpchen bilden. Über die Äpfel verteilen. Im heißen Ofen ca. 40 Minuten backen. Den Kuchen auf dem Blech auskühlen lassen. Zum Transport in Stücke schneiden und in Butterbrotpapier einpacken.

Register

Danke

Autorin und Fotograf danken nachfolgenden Küchenchefs, Gastronomen und Hoteliers für die freundliche Mithilfe und genussvolle Unterstützung bei der Realisierung des Buchprojekts:

Bill Fehn (The B-Bar, München)

Marlies Häring (Tutzinger Biergarten): *www.haering-wirtschaft.de*

Peter Kahl und Horst Trautwein (Hotel & Spa Das Tegernsee): *www.dastegernsee.de*

Leo Maissen und Uwe Seegert (Tschuggen Grand Hotel Arosa): *www.tschuggen.ch*

Shane und Barbara McMahon (Shane's Restaurant, München): *www.shanesrestaurant.de*

Peter Schreiber (Königsquelle, München): *www.koenigsquelle.com*

Außerdem möchten wir uns bei Hans-Peter Obermark bedanken, dessen Onlineshop Picknickkörbe, Picknickrucksäcke und -decken für die Fotoshootings zur Verfügung gestellt hat: *www.british-picknick.de*

Viele Requisiten und kreative Deko-Ideen hat Regina von unserer Lieblingsbuchhandlung Literatur Moths beigesteuert. Danke: *www.li-mo.com*

Unser herzlicher Dank gilt auch all unseren Freunden, die uns mit Ideen, Tipps und Rezeptvorschlägen unterstützt haben: Monika, Rudi, Julia und Max, Monique und Quirin, Dani und Frederik, Iris, Dale und Daniel, Olga, Sofia, Nikolas und Martin, Thomas, Verena, Marco-Luis, Stella-Maria, Moritz und Johannes. Ein ganz großes Dankeschön geht an unsere Münchner Make-up-Artistin Edita Poturak. Wir freuen uns auf unser nächstes gemeinsames Picknick.

Impressum

Autorin: Ingeborg Pils / www.wissen-und-geniessen.de

Ingeborg Pils ist Journalistin und Köchin aus Leidenschaft. Sie schreibt für Tageszeitungen, Magazine und Gastronomie-Fachzeitschriften und ist Autorin zahlreicher Kochbücher. Sie ist Mitglied im Food Editors Club (FEC) und von Slow Food.

Fotografie: Felix Sodomann / www.sodomann.com

Felix Sodomann arbeitet als freier Fotograf vor allem in den Bereichen Food, Mode und Interior Design. Zu seinen Spezialgebieten gehören die Themen Kochen und Culinaria.

Visuelle Gesamtgestaltung/Buchdesign: IDENTITYPOOLNEUMANN / www.ipn00.de

Art Direction: Thomas Neumann
Grafik: Julia Maier

Umschlaggestaltung: www.buero-jorge-schmidt.de

Bildnachweis: Fotos auf den Seiten 6, 9, 13, 41, 63, 73 / Thomas Neumann

in der Verlagsgruppe Styria GmbH & Co KG,
Wien • Graz • Klagenfurt
www.styriabooks.de

Printed in Austria
ISBN 978-3-99011-028-7